VERSOS
PARA UN ALMA GEMELA.

Jesús Quintana Aguilarte.

QM Editorial

Primera Edición – Noviembre del 2021
Copyright: Jesús Quintana Aguilarte.
Maquetación: Ángeles Martínez Soler.
Portada: GeliCreations.
angels.martínez@gmail.com.

ISBN: 978-1-943680-56-6

QM Editorial
EIN: 46-2472728
Elkhorn W-53121
EE.UU
http://www.editorialqm.com
jqaamerica2012@gmail.com

Dedicatoria.

Dedico este cuarto libro a todos los amantes de la poesía y del amor, a los que como yo encontramos en cada poema la razón de estar en comunicación con los amigos, los poetas y poetisas que llenan con sus experiencias las páginas blancas de nuestras vidas.

A los amantes de la literatura, a los que les gusta ver como el amor toca a sus puertas en la forma de un dulce y delicado poema, soneto o serventesio, a ellos va dedicada esta obra.

Gracias y que Dios les bendiga.

PRÓLOGO.

La poesía es un cumulo de experiencias que nos permiten llegar a los corazones de todos nuestros lectores, ya sea en forma de versos, o en forma de prosas, pero todas encaminadas a mostrarnos un mundo virtual donde todo es posible, el amor, el odio sin el temor a recibir daños basados en la experiencia.

La historia a veces es narrada con coherencia, y llevada a los libros para su comprensión por las futuras generaciones, pero la historia también puede ser contada en forma de poemas, por las personas que pueden ver el mundo entre rimas y métricas, pero con la suficiente belleza para que el mundo la considere atractiva.

En este libro, el poeta Jesús Quintana Aguilarte expone sus ideas entre poesías y prosas, dando la oportunidad de que el mundo pueda apreciar toda su belleza sin el límite de la arquitectura, o las limitaciones de las fronteras y los espacios cerrados.

Resumiendo, con la poesía se puede viajar hasta los confines de la tierra, amar a las personas aún sin conocerlas, estudiar el entorno y sus personalidades, y mostrar un resumen hermoso que pueda ser comprendido sin importar los niveles educacionales del mundo moderno.

Amo tus palabras tibias.

Al analizar mis palabras, cada verso que escribo,
es un camino que abro, un gemido que elevo,
luz que alzo en la sombra, baluarte que derribo,
rosales que cultivo, y un árbol que remuevo.

Pero cuando navegas en mí con tu bella lectura,
soy el sueño que un día se estableció en tu mente,
soy tu amor, y tu entrega, tu pasión, tu aventura,
la luz de tu pasado, y el amor de tu presente.

Amo tus palabras tibias, amo todo lo que tú amas,
tus veranos, tus otoños grises y tan desapacibles
tus palabras de amor, y mil doradas filigranas,
íntimas como tu alma, como tu piel tan tangible.

Puedo amar el contorno de tus sólidos relieves,
para moverme al ritmo sensual con que te mueves.

Jesús Quintana Aguilarte.

Aislando empeños.

Si aislaras los empeños que pasan por tu mente,
y nos dejáramos llevar en un beso prolongado,
verás que tendríamos el tiempo como aliado,
aunque nuestras vidas las arrastre la corriente.

Párate en la ventana, ven que amanece el día,
torna real tu recuerdo que se vuelve transparente
viaja por nuestro jardín, devuelve su lozanía,
y da respiro a mi alma que te siente tan ausente.

Eres la mujer más bella, cuya hermosa geometría,
con esos labios sedosos listos para la conquista,
apareces en mi horizonte iluminando mi vista,
cuyo calor no decrece y cuyo clima no enfría.

Te espere toda mi vida y creo que aún no sea tarde,
para recorrer los bosques, las ciudades y los puentes,
tomándonos de las manos alegres y sin alardes,
y que germine la flor y el amor en la simiente.

Jesús Quintana Aguilarte.

Amores y temblores.

Con nuestro amor sonámbulo o dormido,
vamos al encuentro de caricias mudas,
subyugado mi sentir por tus sentidos,
y en torno al lecho del placer te anudas.

Y al besarte veras que bien se agitan
mis diminutos dedos sobre tu vientre;
mil susurros eróticos que te invitan
a que en tu oscura intimidad me adentre.

Mil temblores de tus muslos que me gritan,
exigiendo que me alce y me descentre
y tú me besas como loca repitiendo el grito,
y yo mi cuerpo ya en tu cuerpo profundizo.

Como profundiza en la cuenca de tu oído
mi voz sedosa al par que te desnudas,
y se desatan los claros y dulces manantiales,
que van floreciendo en tu piel rosas carnales.

Se me vuelcan tus dedos, y me acosan,
no sé si me acarician o si me desgarran,
tus dedos de alondra que en mi piel se posan,
mil dedos de enredadera que me amarran.

Jesús Quintana Aguilarte.

Aún sigo herido.

Llegaste tarde amor mío,
como la luna que sale buscando su reflejo
cuando el mar ya se ha secado,
y en su intento fallido la luna llora sola,
como llora mi alma al recordar mi pasado.

A mi larga vida ya la había marcado,
una mujer muy bella de apariencia muy distinta,
y aunque tú con tu presencia me has enamorado,
la herida en mi alma aun sigue abierta.

Sigue por el mar, yo seguiré por tierra,
mientras nuestras almas volaran por el viento,
y que el sol con su esplendor guie nuestro viaje,
en la búsqueda de aquel mutuo sentimiento.

Quiero que me recuerdes en tu vida,
como aquel hombre que daría su vida por estar junto a ti,
que cuando dijo un "TE AMO" se entregó por completo,
y con lo poco que sabia trato de hacerte feliz.

Eres tu vida mía lo que más añoro,
por ti dejaría este mundo dejaría todo,
pero no es el momento para ti mi amada.

Jesús Quintana Aguilarte.

Ausencia de ilusiones.

Si quieres llorar por quien amas, llora,
es más feliz el alma cuando fluye el llanto;
como las estrellas, que más brillan cuando
más negra es la noche, y más desoladora.

Porque hay más de ti, por donde solo vengo,
que por los campos donde contigo anduve;
siento cómo te quiero cuando no te tengo,
y qué poco te amé cuando contigo estuve.

En la edad inexperta, fácil e inmadura,
en los años de efervescencia y aventura,
lo que perdemos después lo entendemos solo
cuanto más cerca está la sepultura.

Mucho he soñado y en mis sueños todavía,
soy un galante admirador de tu belleza
aunque parece querer esquivar mi compañía,
o a punto de alcanzarla, su pie se le tropieza.

Pero yo sigo soñando que quizás un día,
porque soñar amiga es mi única riqueza,
que no es pobre quien padece decepciones,
sino quien vive ausente de ilusiones.

Jesús Quintana Aguilarte.

Aún mantengo la esperanza.

En la profundidad de las palabras
donde muere el sentir en un abismo,
por caminos desiertos sin refugios
va la sombra oscura del cinismo.

Se confunden las horas sin retorno
en el mágico mundo donde habito
con mi pecho marcado por la espera
y mi corazón triste y marchito.

De nada vale correr si no se alcanza
la nostálgica marcha del olvido,
sufriendo dolores y desesperanzas
aunque nunca se hayan padecido.

No se busca aquello que se aprende,
se valora la experiencia de vivirlo,
aunque oscuro sea el camino transitado
no se muere la esperanza en un abismo.

Jesús Quintana Aguilarte.

Apretemos nuestras espaldas.

Tú sabrás, tal vez, cuánto mi amor ha sido
en los tiempos de gloria en que al tocarte
se enlazaban espíritu, gozo y libido;
nunca sabrás cuánto he llegado a amarte.

Ni yo intuí, desde que te he perdido,
viendo sólo tu espalda, al alejarte.
si niño en regocijo, amor madura,
en sufrimiento, llanto y amargura.

Fardo pesado el del amor, requiere,
dos espaldas adjuntas, ritmo exacto,
y el otro medio, fracasado el pacto,
sí una se quiebra, medio amor se muere.

Jesús Quintana Aguilarte.

A un hombre de color oscuro.

Intrépido poema de color de luna
que se escucha ajeno y solo
por lugares lejanos a su cuna.

Caracolas de viento y mar
que repiten sus aladas palabras
dichas un día amargo, al azar.

Campos sembrados de sudor y lágrimas
que sedientos beben su sangre
quieren elevarlo a las más altas cimas.

Volátil hombre de color oscuro,
que arrastra su piel de luna
por los cristales rotos de nuestro muro.

Con garras se aferra a la rama
erecta, del árbol más sano del bosque,
esperando el atroz final de su drama.

Intrépido hombre de color de luna
que camina impávido y altivo
por lugares lejanos a su cuna.

Jesús Quintana Aguilarte

A mi Diosa de Ébano.

El tiempo nos destruye lentamente,
y en frialdad de hielo nos sepulta;
esa parte de ti que vibra y siente,
ha de quedar entre mi alma oculta.

Ven hacia mí antes de cruzar el puente
que hacia la oscuridad nos catapulta;
abrázame, duerme, solázate a mi lado,
y déjale tú mañana a mi cuidado.

Tuviste alegrías que el recuerdo evoca,
y que ya no parecen más tus alegrías;
dolores también tuviste, y te sofocan
cada uno de ellos como en otros días.

Pero por favor no detengas el paso
ante la puerta que el amor te cierra;
no llames, solo empújala. ¿Quién se aferra
a perder el amor llegado el ocaso.?

Qué poco tiempo para amarte tengo,
y te juro que yo mucho te amaría
si una vez, una sola vez que vengo,
no encontrara entre nosotros tanta lejanía.

Jesús Quintana Aguilarte.

Alma Gemela.

Nuestros caminos de ayer, los que azarosos,
desgastaron nuestros pies sin rumbo fijo
están hoy fríos, abandonados y silenciosos
dejándonos faltos de amor y sin regocijo.

Ahora que contemplas el espacio abstracto
que a grandes rasgos perfilé en mis versos;
espero que te animen las rutas de mi tacto,
mis anclajes, ya ingenuos ya perversos.

Vuelvo el rostro hacia atrás, como si oyera
que tu amor permanece en mí, mas no te veo,
¿Tal vez ya no me sigues? Por eso yo creo,
que vives dentro de mí alma gemela.

Cuántas imágenes de las más íntimas escenas
serán para nuestros gozos o nuestras penas.

Jesús Quintana Aguilarte.

Amor, tú eres la fuerza.

Tú eres la fuerza del amor que me inunda,
la que cubriendo todo mi cuerpo enfermo
va alejando de mi alma una pena profunda
por eso cuando te leo que bien me duermo.

Al toque de tu amor se descorren los velos,
se me renueva el alma con tu mirada inquieta,
tu inspiración, vaga desnuda por mis cielos,
inundándome la mente hasta sentirme poeta.

Te pienso entre mis brazos y tu calor promueve
que te haga el amor como siempre lo sueño,
y aunque me duermo sin ti, siempre estoy contigo.

Y cuando la cálida mañana a nuestra cama llegue,
me encontrará feliz por todo el desempeño
y por saber que esta noche de nuevo lo consigo.

Jesús Quintana Aguilarte.

Aún tengo mucho en lo que escribo.

Hay mucho, mucho más en todo lo que escribo,
detrás de cada palabra, mi alma está presente,
no tan sólo a medias, yo soy el real testigo
del calor, de la luz, que cada poema enciende.

Hasta qué punto mi emoción trasciende,
cuando te entrego el amor que vislumbra
la voz que oyes o lees entre las penumbras
de esa luz interior que alcanzar tu pretendes.

De los poemas que en mi vida he escrito,
sería feliz si uno solo fuera, gentil como la rosa,
pero, aunque dentro de mi mente los concibo
aún no me alcanza esa magia luminosa.

Pero si yo pudiera estar donde estas sentada,
donde tu pretendiendo leer, ausente sueñas,
si yo pudiera estar a tu lado en cada jornada,
lograríamos cada menester que desempeñas.

Si yo pudiera acomodarme en tu almohada,
y hacer tus noches apacibles y risueñas,
con suavidad de seda o asalto de pantera
¡Ay, si yo pudiera amor!, ¡ay si yo pudiera!

Jesús Quintana Aguilarte.

Beso para una mujer preciosa.

Guardo un beso escondido, mujer preciosa,
que aún no ha iniciado el vuelo, que tiembla y espera,
que al fin le salgan alas; mientras tanto reposa,
en la quieta blancura de una boca sincera.

Llevo un beso escondido que te sueña y presiente
como voz que convida, se ofrece y casi toca,
beso de ritmo lento y espiral ascendente
del templo de tus muslos al milagro de tu boca

Quiero dejar este mundo de aislamiento,
para estremecer tu cuerpo en movimiento
buscando regiones por mi desconocida.

Se iluminan mis sueños en ti, hierven los deseos,
de ese fuego quedarán solo los titubeos,
porque presiento que atado a ti acabará mí vida.

Jesús Quintana Aguilarte.

"Bebamos amor mío una taza de café".

Las palabras de antaño, la caricia ferviente,
sensaciones han sido que no sabrán volver;
no eres tú la culpable, ni yo quien lo consiente,
solo sé que no estas entre mis brazos mujer.

Fuiste creada para amar, bella, única y cierta;
un torrente de luz que refuerzas mi fe,
que para mí nació, y que solo en mí se injerta,
como renace en las colinas la bella flor del café.

Toda sutil, rodeada de un aura de mansedumbre,
sin la sombra tenaz del cansancio y la ira,
arrojando al fuego pedazos de incertidumbre,
llenando mi alma con las notas de tu lira.

No sé qué es lo que hice, que tu atención capté,
te volteaste sonriente con cara de atrevimiento,
y una oleada de calor vino con tu ofrecimiento
mientras compartimos juntos una taza de café.

Jesús Quintana Aguilarte.

Buscando espíritus puros.

Buscando espíritus puros, cristalinos,
brotando en fluidez, sin verborrea,
de dolores o júbilos genuinos.
sólo en la niñez, mi inspiración verdea.

Me abrazo a su candor y la luz me hiere,
lame sus pies el agua, como mariposa,
que a su modo te dice que te quiere,
la niña es sueño y a la vez es rosa.

Sigo tomando notas, y detectando
a las aves diminutas y también los versos,
que en torno a mí aletean, y cantando
como princesa crece en entramados tersos.

Se me dispara el alma cada día,
por sendas de nostálgicas quimeras;
se abre al fin de mi incierta travesía
un horizonte azul, mi niña me espera.

Jesús Quintana Aguilarte.

Buscando respuestas.

Las ilusiones lejanas ya no buscan las repuestas
convincentes y seguras que les responde el viento,
en sus tonos ligeros con sus amores de fiestas,
o la frialdad de las frases hechas de reglamento.

Son respuestas que en la vida apartar de ti quisiera,
ocultas a las intrigas que solo animan las dudas;
las respuestas verdaderas nacen puras y sinceras,
de los amores, de sueños y de cuerpos que se anudan.

Yo al abrirte mis brazos me olvide de otras mujeres,
y mi pensamiento siempre vuela seguro a tu nido,
olvidando las distancias, las metas y los placeres,
donde muchos se declaran para después caer vencidos.

Yo siempre seré tu roca que yace firme en la tierra,
como un trozo de vida que sin ti seguir no quiere
a veces quiero levantarme, pero tu amor se me aferra,
y puedo jurarte amor, que mi alma así te prefiere.

Jesús Quintana Aguilarte.

Buscaré otros paisajes.

Nada nos queda ya de lo que un día fuimos,
amantes en sí mismos nativos o extranjeros,
que hoy sólo fueron tristes sueños pasajeros
perdiendo todo lo que en su día construimos.

Yo voy descansando sobre el hombro ajeno,
sufriendo una soledad muy triste y dolorida,
como incesante manantial que fluye sereno
de la misma fuente que nos otorgó la vida.

Y al final en mí vas, en ti estoy, íntimo lazo
un refugio en ruinas, de dos vidas destruidas,
somos invulnerables al contacto de otro abrazo,
y viendo al fin la galera del amor hundida.

De ti escuché amor el más hermoso de los cantos,
pero hoy solo oigo del negro cuervo los graznidos;
y he visto extenderse el triste y silencioso llanto
dejando a un lado el alborozo en flor de los sentidos.

Ya no queda vida en los surcos de ilusión que planto,
sólo cosecho en primavera los frutos corrompidos,
por eso hoy sacudiré de mi espalda este bagaje,
y alejándome de ti pisarán mis pies otros paisajes.

Jesús Quintana Aguilarte.

Bajo el sol mi adivinanza.

El sol inunda la mañana con sus rayos
y la luz cálida ilumina a San Patricio
mi padre alimenta en el corral a los gallos
mientras leo la lección del día, Los Fenicios.

Ensimismado estás en el dulce reposo
en la cama ya despierto o ya dormido,
sin percibir el ruidoso y alarmante sonido
de los vasos del ron dorado y delicioso.

Quizás no sepas encontrar la adivinanza
que en el primer cuarteto sirve de alimento
pero no pienso darte ninguna chanza.

Y si de alimento se trata en el segundo,
hallaras si lo buscas una delicia
que en las cenas disfruta todo el mundo.

Jesús Quintana Aguilarte.

Batiendo las alas del amor.

No intentes guardar tu amor para mañana,
ámame hoy, porque este es el momento,
este instante que para ambos se engalana
con la diáfana piel del puro sentimiento.

Tú qué llenas mi alma y hacia mí navegas,
proa contra los vientos, y las velas desplegadas
montada en ola azul, que avanzas y repliegas,
dejando oír el clamor de galernas encrespadas.

La verdad nunca se oculta y con fuerza golpea
con el filo segador de una vengadora espada
y viendo como la cruel falsedad se tambalea.

Por eso amo la paz y amo todos sus clamores,
y con grito de pueblo nuestro amor se fortifica
y unidos derrotaremos al injusto y sus errores.

Jesús Quintana Aguilarte.

Camina hacia la verdad.

Si quieres no caer otra vez adormecido,
lamentando de sufrir ese rotundo fracaso
asume que la vida, se vive paso a paso,
y estarás orgulloso de todo lo que has vivido.

Habla de lo que sepas, del amor y su contraste,
y cuando narres tus vivencias no te extiendas
sobre aquello que sabes, o tal vez imaginaste,
muchos fallan al contar esas supuestas vivencias.

Habla bien de tus amigos hechos a tu semejanza,
de los niños, la mujer, todo lo que te circunda
y no busques tu prestigio al pronunciar alabanzas
a ti te guía el amor, una razón más profunda.

Cada libro que lees es altar que te define,
tu biblioteca será parte de tu evidencia
que al penetrar tu mente aumentará tu conciencia
y con gran sabiduría a la verdad te encamine.

Nuestro amor es nuestra piel, una sólida armadura,
que nos protege del odio, y todo lo que se murmura.

Jesús Quintana Aguilarte.

Causas y Efectos.

Si al leer mis poemas tu alma advierte,
cierta melancolía surgiendo de lo escrito
no es que mi corazón a dejado de quererte
es que ya no quiero seguir escuchando gritos.

Amo la vida tranquila, dulce con su acervo,
casa y refugio de las almas fatigadas
en verdad ya no creo en lo que observo
prefiero refugiarme de esta loca mascarada.

Quiero poblar de rosas los caminos,
de fuertes abedules y pinos descarnados
con un rio poderoso bajando en torbellino
de esperanzas, poemas y sueños azulados.

Y no sé si me extingo o me sublevo,
he sabido reconocer todos mis defectos
quizás ustedes necesiten algo nuevo
todo tiene un porqué, Causas y Efectos.

Ya llega la primavera con su luz radiante,
he pensado alejarme de quejas y rumores
solo quiero saber de humildes trovadores
levantar bien mi frente y seguir adelante.

Jesús Quintana Aguilarte.

Como se ama a una mujer.

Contra la corriente hallaras tinieblas
rocas como naves que la vida ancló
asedio furtivo cerca de la orilla
y no importa nada si corres o vuelas.

Puede la bravura del río de la vida
arrancar tus ropas, dejarte desnudo
destrozarte el cuerpo y dejarte mudo
profundo en las fosas de las despedidas.

Pero lo que nunca pueden la saña y el odio
es manchar tu frente y quebrar tu orgullo
la palabra de hombre que dicha en murmullo
rompe las barreras de todo infortunio.

Si juraste amarla solamente a ella
puede que te aparte la guerra o la muerte
que mueras río arriba como hace el salmón
que por llegar a casa presenta querella.

La mujer que ama, todo lo consiente
el hambre, la ausencia, la guerra y la muerte
pero nunca olvides quererla muy fuerte
y sobre todo en la vida, tenerla presente.

Jesús Quintana Aguilarte.

Configurando mis recuerdos.

Configuro mi recuerdo, estoy pensando,
en tu figura, tus letras, tu feliz armonía
hasta llegar a tu corazón dulce y blando
que palpita y trepida con mágica alegría.

Entre tus letras y tu amor aún sepultada,
está tu fe mostrada con tu bella sonrisa
por ella te entrego mi alma reformada
que sale renovada de las ígneas cenizas.

La felicidad sin verte solo me limita,
quiero volver a tu cauce que me crece
me abraza, arrastra y no me debilita.

No existe enigma en mí, solo clamores,
reventando en el fondo de mi alma
por ti Alma Gemela, por tus amores.

Jesús Quintana Aguilarte.

"Como cambió mi mundo".

Entra a mi mundo, se bienvenida en mi sueño,
que estoy luchando entre distancia y lejanía
y mi puerta golpea con fuerza, con empeño,
aunque mi vida sin ti, sea solo fantasía.

No sé si es el deseo del toque de tus manos,
o el de gritarte amor con la piel de las mías,
pero se desangra mi alma en desvelos cotidianos
y las hermosas tardes se me antojan sombrías.

Que deseos se desatan en el ambiente tenso,
con la frente ardiendo por la espera anticipada,
se abrazarán las almas arropadas en silencio
y cansados nuestros cuerpos caerán a la alborada.

Qué triste es el recelo y que terrible es el miedo,
como extienden insidias, creando interrogantes,
y destruyen los muros del alma con enredos
en siniestras montañas de ruinas humeantes.

Cada gesto egoísta en el pecho me alcanza,
multiplicando en sombras tan amenazadoras
que yo que fui guerrero que empuñaba la lanza
hoy soy un débil juguete en manos vengadoras.

Jesús Quintana Aguilarte.

"Como siempre, sabes que llegaré".

Sé que me esperas amor, algo triste, preocupada,
temerosa y agitada porque estoy muy demorado
que es una noche especial, y me esperas preparada
pero tranquila mi cielo que pronto estaré a tu lado.

Tengo culpa del retraso, pero una buena razón,
estaba buscando rosas lo merece la ocasión,
perdí la noción del tiempo escribiendo una poesía
que te muestre que por siempre tu eres la vida mía.

No te vuelvas pesimista, no pienses que faltare,
y que has de esperar despierta esperando una llamada
mejor prepara tus brazos para refugiarme en ellos
y demostrarte que eres tú mi única amada.

Podrás mirarte en mis ojos y que se cumpla el anhelo,
de tocar mi piel y hacer que mi corazón palpite
y que yo en un arrebato de lujuria me desquite
de todos tus temores, tus dudas y tus desvelos.

No haré más larga tu espera, estoy casi a tu lado,
para entregarte tus rosas, todo mi amor en un beso,
un poema, una canción que te canto enamorado
para que nunca se rompa la magia de este embeleso.

Jesús Quintana Aguilarte.

Conquistando tu frontera.

Logré conquistas dentro de tu alma
ya que solo por amor te he conquistado
rindiendo tu recinto con absoluta calma
ese recinto estrecho y muy bien fortificado.

Rindiendo zona a zona toda tu dulce frontera
para de esa manera llegar amor a poseerte
sé que de mí no has querido defenderte
y te muestras indefensa y a la espera.

Yo soy el cazador que en la espesura
va corriendo decidido hasta tu encuentro
seré el amante fiel, tu una hermosa criatura,
la que soñaste en aceptarme adentro.

Desnúdate mujer pero muy lentamente
que mis deseos intenten atacarte
y que al verte descubrir tan lentamente
tenga que frenar los deseos de gozarte.

Tu frontera se abrirá sin resistencia
y yo inundare tu vientre con mi esencia
explotando en mil colores tu fantasía
mientras me haces tuyo y yo te hago mía.

Jesús Quintana Aguilarte

Con mi pensamiento en ti.

Han sido tus poesías lo único que he amado,
y a veces me pregunto si tiene algún sentido
despertar de mañana a tus recuerdos atado
rememorar nuestros versos, y recordar lo vivido.

¿Promesa? Si nunca me he marchado de tu lado,
eres mi divinidad, la única entre las mujeres,
y yo siempre en mis poemas te veo tal como eres
tú has sido mi verdad y mi único pecado.

Pues claro que hemos tenido inolvidables momentos,
resucitamos los versos de nuestro lado creativo
hemos cruzado abrazados el enorme firmamento
sin que nos obligue nunca una causa, o un motivo.

La esperanza es la verdad que sostiene nuestras vidas,
se encuentra aquí en nosotros, nada de cruzar el mar,
son tu alma y la mía por siempre entretejidas
entre música y poesías y nuestros besos al amar.

Te tomaré de la mano, ya no estarás solitaria,
nunca sentirás frio, te mantendré entre mis brazos,
fuera de ti, hasta las rosas se volverán secundarias,
sombras en parte y a veces solo unos fogonazos.

Jesús Quintana Aguilarte.

Conquistarte.

Me gustaría recorrer tu cuerpo,
relamer de gusto tus esquinas
y abrazarte en la cama con acierto
al tiempo que tu rostro esboza una sonrisa.

Tus aromas influenciando mis sentidos
palpitando entre mis manos tus intrigas
asaltando tus pezones bien erguidos
y avanzar hasta tu pozo sin fatiga.

Ese pozo de aguas dulces y calientes
que reboza de placer insospechado
es del mundo del amor la gran vertiente
es la fuente donde bebo enamorado.

Son tus muslos como torres pretorianas
de la Roma de mi mente enardecida
que bloquean y liberan cuando quieres
que se abren a la luz como ventanas.

Ante ellos me arrodillo y te suplico
que me des el libre acceso a tu guarida
blandir en tu interior mi espada erguida.

Que se unan nuestras aguas violentadas
que alcancemos el orgasmo entre gritos
y así muy quietos, felices y abrazados
continuemos conquistando el infinito.

Jesús Quintana Aguilarte.

¿Convencerte?

Hoy que mi mano duerme, y que no se beneficia,
del recuerdo que produjo en mí tu tierno abrazo
cómo puedes pedirme que no siga tus pasos,
si con la luz de tus ojos tú siempre me acaricias.

Que te convenza y así evitemos el dulce contacto,
con el que me siento vivo y a la vez tan fuerte
lo único, que me mantiene feliz, cuerdo e intacto,
venciendo el terror y el horrible miedo a perderte.

No puedo convencerte, lejos de ti se afilan las aristas,
se sumerge mi imaginación y pierdo la conciencia,
me vuelvo hostil, muy triste y realmente pesimista,
me aplasta el desamor, me destruye tu ausencia.

Pero puedo convencerte de que vivas en mis recuerdos,
que cuando escribo un poema toda te lleno de besos,
que me refugio en tu pecho con el corazón sangrante
pensando que cualquier noche te conviertas en mi amante.

Por qué no pruebas a convencerte, quizás te guste lo que siento.

Jesús Quintana Aguilarte.

Cruz de mis consuelos.

Se ha callado tu voz, pero aún yo la escucho,
es que será el amor, ese que nunca se muere,
la pasión por tus letras es por lo que yo lucho
y que dentro de mi alma tanta fortaleza adquiere.

Sé que el dolor te ha doblado por ese amor deleznable,
que en el fuego de tu hogar hay solo restos de leños
por todo el amor que diste, tus sueños interminables,
y sé que tu aún no quieres que termine ese sueño.

Tu silencio amiga mía ya se enreda con el mío,
silencio a gritos que surgen y que al final nos anuda,
porque es silencio, respeto y eso lo expresa todo.

Tú sigues siendo la misma amiga por quien me guío,
y a tus apremios y letras me uno sin temor ni duda,
porque a tu carta extraviada yo gozoso me acomodo.

Jesús Quintana Aguilarte.

Cuando pienso en el amor.

A veces pienso que el amor es un juguete
que vuela siempre más allá de lo que somos
diciendo a los que van a amar cómo hay que hacerlo
y cuando enfrenta la ocasión, no sabe cómo.

A veces pienso que el amor es, dos amando
que se me cuelgan a la luz de la sonrisa
y cuando pasan del amor a la experiencia
no quedan fuerzas ya para seguir amando.

A veces pienso que el amor es una nube de cristal
que se me cuelga al mismo centro de la suerte.
A veces pienso que no es más que una sonrisa juvenil.
A veces pienso que el amor vence a la muerte.

A veces pienso que el amor puede ser una canción
o una mujer que lleva flores en el pelo,
un beso a tiempo, una palabra, una obsesión
la causa única de todos mis desvelos.

Jesús Quintana Aguilarte.

Daniel y Dariel.

Abren tanto los ojos que se comen el mundo,
niños de tanto asombro como de pocos años;
todo tan incitante, tan nuevo, tan profundo,
como si magos fueran y para vivir lo hicieres,
pero aunque no lo hicieran, para ustedes será todo.

Pequeños reyes que juegan a absorber cuanto miran,
su reino está dentro de ustedes, pero de cualquier modo,
a conquistas externas forzosamente aspiran,
suyas serán las formas: El águila en el vuelo,
el colibrí en las flores, el ciervo en la llanura
y suyos los colores: Azul claro de cielo,
rojo intenso de fresa, negro de noche oscura.

Ya se aproximan los Reyes: Rasgueo de violines,
murmullos de corrientes, rumores de arboledas,
recibirán aromas de violetas y jazmines,
melodías los aires, azares las veredas.

El mundo en que ahora crecen será una gran
manzana a la espera y deseos, de que extiendan la
mano; todo cabe en sus ojos, de ustedes será el mañana,
mañana tan distante, mañana tan cercano.

Jesús Quintana Aguilarte.

"Dame una noche en tu centro".

Dame una noche en tu pelo rizado,
donde respire el aroma del campo
disfrutar de todos tus encantos
sólo el rumor del agua y tú a mi lado.

La Luna dormida soltará los remos
sobre un mar, sereno y sin olas
y en total desnudes, tú y yo a solas
aun logrando soñar, no dormiremos.

Cuando consigo las cosas más triviales
me llega tu recuerdo en triste añoranza
y entre ellas oigo el canto de esperanzas
que florecen en otoño los rosales.

¡Cuánto por verte aquí!, ¡cuánto yo diera!
amor, aunque el temporal se torne eterno
para calentar las nieves de este invierno
tú, mi gentil y perenne primavera.

Tantos caminos me han llevado a ti,
tantas vías radiales de circunferencia,
que, si existe una salida de emergencia,
yo la ignoraré, permaneciendo dentro.

Jesús Quintana Aguilarte

"Dejaré atrás mi triste sonrisa".

He dejado escapar a mi triste sonrisa
como golondrina que vuela con su luto
pues no quiero ya verla dibujada en mi rostro
si no cubre la apariencia de dolor que tengo.

He dejado libre a la alegría marchita
cual hierba mala que creció en mi alma
pues no quiero tenerla si ahoga las rosas
que se animaron a crecer en mis áridas penas.

He dejado huir a mis palabras muertas
como huye el invierno con el sol de primavera
pues no quiero escribir más poemas tristes
y ensombrecer aún más mi gris existencia.

He abierto la jaula de mi profundo odio
como se abre paso la oscuridad en la noche
pero quiero que venga para acompañarme
y así subir juntos el amor al podio

Porque te amo mujer divina
Y ya nunca más quiero estar solo.

Jesús Quintana Aguilarte.

Destrozado por dentro.

En confusas respuestas salieron ganando las dudas,
las que no formulan ruegos, ni quejas, ni interrogantes,
que se ocultan del destello de una verdad desnuda
sobre el amante falso, sobre el verdadero amante.

Y aquí vengo cubriendo con capas de mansedumbre,
las afiladas aristas del cansancio, el odio y la ira,
y tu añadirás al fuego grandes leños de incertidumbre
cubriendo con engaños cada faceta de tus mentiras.

Cada palabra salida de tu boca empujará veloz,
su propio ritmo de mentiras con grotescos ruidos;
que mi voz, tratara de cambiar al entrar en tus oídos,
para que se me devuelva el amor en eco de tu voz.

Hoy, con mucho dolor y casi sin color mi vida,
cómo quisiera hundirte en el océano del olvido...
qué mágica ilusión de engaños me diste un día,
cómo me destrozaste por dentro amada mía.

Jesús Quintana Aguilarte.

Dormir contigo y pensar en ti.

Quiero pensar en ti, y dormir contigo,
pero ni el tiempo ni el lugar lo facilitan
saber que hemos superado la palabra amigo
y todo tu ser y tu alma por amor me gritan.

Saber que en tus brazos tengo mi poblado,
mi hogar, mi alcoba, mi lugar de retozos
y que un día desnudo a tu costado,
se unirán tus gozos con mis gozos.

Seremos un poema nunca antes escrito,
un cálido arrullo con mi mano en tu mejilla
y con mis dedos ondulándote el cabello.

Abrazados los dos en tu patio favorito,
sembrando en tu hermoso cuerpo la semilla
que en ti germina, y en tu fe, me sello.

Jesús Quintana Aguilarte.

El amor duele a la distancia.

Cómo puedo abrazarte, tú que tanto me incitas,
si la distancia te impide percibir mi temblor
de qué valen mis palabras si te llegan escritas
de qué sirven los besos si no irradian calor.

Tal vez por haber sido con exceso optimista
te he encontrado cercada de murallas de olvido
el rastro de mi sangre y mis huellas se han perdido.
Y como podré encontrarte, mujer de mi conquista.

Alguna vez la ausencia le deja el campo abierto
a quién la injusta suerte le pone en tu camino
porque estar lejos, es lo mismo que estar muerto
que despierta extranjero, de vuelta en su camino.

Te ignorarán mis manos al hacerte el amor,
mis ojos y mis labios omitirán el contacto,
y tu piel será ajena, remota a mi temblor,
sin que por eso deje de consumarse el acto.

Sólo tenues murmullos, vibrantes alaridos,
sofocantes jadeos, o reposada calma:
la cópula a distancia que entra por los oídos
y convierte alma en cuerpo, y torna cuerpo en alma.

Jesús Quintana Aguilarte.

El amor en la pradera.

Toda entera tú, un beso inesperado,
y yo esperando ese beso inextinguible
estas aquí de pie y me parece imposible
pero es real mi amor, lo hemos logrado.

Desde tu última carta se avivó mi sentido,
y mi alma guarda todo ese sentimiento
he soñado con tu piel, ese placer prohibido,
y ahora estas aquí, valiente atrevimiento.

El olor de tu piel, abre labios sedientos,
y veo tus labios rojos que se quieren abrir
te abrazaré fecunda y en variados intentos
te morderé los labios hasta verlos sonreír.

Yo por ti he vivido, latente en mí vivías,
días, horas y años, sin tu ni yo saberlo,
pero era un poema escrito, como una profecía,
de que un día como este llegaríamos a verlo.

Y es inútil que intentes dejar pasar los días,
procurando olvidarlo, o no reconocerlo.
se nos ha prefijado un destino inevitable,
y nadie en esto tiene que sentirse culpable.

Quiero que en tus brazos me atrape la tormenta,
me empape la carne y el alma hasta mis huesos
y que tú seas el dique que sin querer revienta
desbordándome todo y ahogándome de besos.

Jesús Quintana Aguilarte.

46

El impacto de tu silencio.

Me robaste la mente al pronunciar tu nombre,
me salpican tus dedos y quedo humedecido
no hay propiedad mayor, la de sentirse hombre,
que reclamar la fuerza de todos mis sentidos.

Baja del último aliento cuajado por tu tacto,
se apropia de mí, de mi piel y de mi alma,
y descarga sobre mí su más mortal impacto
con cuya posesión toda mi atención reclama.

Quiero verte, entre parpadeos un instante,
como un relámpago en la noche, y luego,
que vuelva la oscuridad desconcertante
porque si tú no estás, me quedo ciego.

Sin el mar, sin playas, sin colores, sin ti,
el mundo es un vaivén de ruidos, solo un juego,
si no te hubiera visto, te juro no sabría,
cómo es la luz y el esplendor del día.

Sólo amo las palabras cuando tú me las dices;
pienso que tú las amas cuando las digo yo.
las demás están huecas, no son sino barnices,
corteza de la fruta que nunca maduró.

Las mías y las tuyas tienen la contextura
del fruto sazonado que se puede morder;
se derraman sus jugos por cada rasgadura
como vacía el hombre su savia en la mujer.

Vestido me he quedado de cantos y poemas,
y cada nota mi amor, cada verso te reclama,
ataviada estas de luz y de fulgurantes llamas
de noche tú me alumbras, de día tú me quemas.

Jesús Quintana Aguilarte.

El libro que un día escribimos.

A veces repaso el libro que escribimos,
recorro tus ideas y balanceo las mías
pensando ¿porque fue que nos rendimos?
nos falló el amor o fue simple cobardía.

Ahora, en insensatez de edad madura,
me siento un cazador ya prisionero
de las letras que una vez amé ligero,
y que me hicieron perder la cordura.

Llevo el alma partida en muchos trozos,
pero seguiré mis sueños por la vida
no lograrán que el rencor abra mi herida
ni el abandono me cauce más destrozos.

Yo coloco mis letras en campos sembrados,
sin importarme los fracasos, los sollozos,
me recompongo si me siento abandonado
y le dedico mis poemas feliz y orgulloso.

Me enorgullece ver brotar las rosas,
que sembré con mis manos y al abrigo
hoy me parecen estrellas glamorosas
y aquí las comparto con todos mis amigos.

Ya no importa si fuimos amados o si amantes,
ya no hay después, ni ahora, ni mucho menos antes.

Jesús Quintana Aguilarte.

En tan corta edad lo que has sufrido.

Han arrastrado tus sueños y tus esperanzas
en busca del amor para seguir sus huellas,
y solo hallaron tus ojos una clara desconfianza
bajo un cielo repleto de rosas y de estrellas.

Llora tu alma por un amor que, en lejanía,
ven vacías por igual tu mirada y tus manos;
sólo el oír tus pasos y tu llanto tan cercanos
recrudece en mi toda esta triste melancolía.

Me tendiste la mano tierna y por igual muda...
¡Qué alma más noble, tan delicada y generosa!
que al no tener yo para darte una fragante rosa
te dí solo mi sonrisa en pago por tu ayuda.

Y me mantengo alejado de tu tierno abrazo
no por falta de fe, de amor ni de deseo;
tan sólo porque dentro de tus ojos veo
el miedo de provocar en mi un rechazo.

Cuanto has llegado a ver, cuanto has sufrido;
en tan corta edad y tanto camino recorrido.

Jesús Quintana Aguilarte.

"Entregare mi alma"

Cuando mis pasos doblen ya la esquina
de la calle tanto tiempo residida
dejare atrás al fin mi alma herida
y afrontaré el enigma de la Vida.

Da mi cuerpo a cualquiera que le sirva
o apacigua el hambre de los peces
ya me cansé de vivir en estrecheces
ahora mis ojos tienen otras miras

No te sientas obligada a llorarme
porque parece o se nota que me ausento
deja que en tu rostro sople el viento
y escucha mi canción de madrugada

Fija la atención en ese aliento
tantas veces oído y no escuchado
al momento sentirás un ser alado
que te transporta a la orilla de otro río

Mi canto te hablará de la esperanza
de vivir día a día y cada instante
de ahora, que me siento tan distante
de las caras oscuras de la Vida

Quizá entonces podrás ya comprenderme
vivir desde esa paz desesperada
que siente el Alma, de Dios enamorada
y ver porque, ya nada puede retenerme.

Jesús Quintana Aguilarte

Eres bienvenida, amor.

Has llegado amor, sé bienvenida,
muéstrame el dolor de tu pecho herido
cierra tras de ti la puerta infame
y cálmate con mi fuego, olvida.

No pienses más amor, él ya se ha ido
no pudo aguantar más su alma impura
que lo empuja a hacer el mal, que lo tortura,
y que como fuego del infierno lo ha vencido.

Entrégate en mis brazos mi hija querida,
yo soy la paz y el amor, yo soy romance,
soy tu padre que te ama, no más percances,
déjame abrazarte y curar tus heridas.

No hay reclamos en mí, tú eres mi reina,
el único don que me concedió el cielo
estas en casa, no lo olvides, yo velo,
levanta tu rostro, respira hondo y sueña.

Jesús Quintana Aguilarte.

Esa noche nunca la olvido.

Han cubierto tus sueños mis profundos recuerdos,
en las noches sin fondo cuando con mi alma ciega,
he querido encontrarte más me confundo y pierdo;
los cielos difusos que camuflaran tu entrega.

No me siento inocente, ni me encuentro culpable,
de buscarte en tus versos muy sediento de amores,
con la Luna de frente y un cielo de colores...
para que juntos vivir un sueño interminable.

Una parte de mí desea toda tu boca,
que descienda muy dulce sobre esta boca mía;
y otra parte palpita, te ruge y te provoca
para que tu conquistes mi erótica osadía.

Pasa el tiempo en silencio y tomados de la mano
voy sintiendo en el rostro la furia de la brisa;
yo estoy feliz al ver en tu rostro una sonrisa;
tú apretada conmigo entre los sueños volamos.

Jesús Quintana Aguilarte.

En nuestras vidas.

Eres casi yo mismo, que bajo mi piel te agitas,
porque te he hecho tan mía que no has estado aparte,
tú mi Reina adorada, que en mis sueños habitas.
que estas cuando te añoro, sin tener que esperarte.

Creada para amar, tu eres única dormida y despierta;
esperándote estoy, tu vasallo fiel y anhelante;
vendrás un día, y sé que tú serás mi bella amante
que para mí nació, que florece en mi alma se injerta,
y rompe en floración feliz, amorosa y exuberante.

En nuestras vidas mi amor solo hay constancias,
de momentos felices, de pasos firmes y seguros,
dejando de lado la terrible soledad y la fría ausencia,
porque creo que amarte es más valioso que el oro puro.

En nuestras vidas mi amor sé que hay un destino,
pero puede cambiarse si ambos ponemos empeño
nos bastará con tus besos y pasear bajo los trinos,
y luego cruzar el puente y despertarnos del sueño.

No has negado nuestro amor, dulce reclamo,
que hasta en poesías lo proclamamos los dos
amor, siempre habrá un beso con sabor lejano,
que de algún modo nunca nos dirá adiós.

Jesús Quintana Aguilarte.

Este aspirante a poeta que tanto temes.

No detengas tu mano deja que ella me hable,
palabras albergadas en tus labios elocuentes
que no dejen de fluir tus letras, las amables,
las que me hacen soñar con beber de tu fuente.

Por más que tu gimas, o de mi blasfemes,
y desees verme lejos en terrible oscuridad
sigo siendo el hombre cuya presencia temes
quien convierte tus letras en delirio y realidad.

No sigas negándome la paz de la alborada,
deja de observarme con dudas y sigilo
haz que a tu vida llegue la madurez dorada
y logres al fin conmigo un espíritu tranquilo.

Y yo lleno de ti, soy solo un fértil terreno,
que tus letras sembraron y tu boca ha besado
que ha sobrevivido al odio, al rayo al trueno,
solo porque me amaste como yo te he amado.

¿Dime porque te ocultas y porque te defiendes?,
si yo no soy tu enemigo, ¿porque me tienes miedo?
solo traigo un poco de amor en cada verso
y en el pecho un corazón que solo tú comprendes.

Es solo un aspirante a poeta al que temes,
que te ama, aunque gimas, huyas o blasfemes.

Jesús Quintana Aguilarte.

Febril locura.

Te miraré desnuda dulcemente acurrucada,
mirándome a medias como quién ofrece más
y yo esperaré que alejes de ti la almohada
que protege tus gracias a base de quizás.

Frenando mis impulsos, observaré el proceso,
con un poco de intriga y algo de indolencia
luego toda desnuda, te daré el primer beso
que borre de tu rostro todo signo de inocencia.

Llegaré a tus aguas extendiendo un manto,
de sabor salobre y guarnición de espuma
y sobre tu ardiente desnudez, en tanto,
avanzarán mis dedos sobre tu inmensa bruma.

Y flotaras sobre mí tu hermosa superficie,
mientras yo febril ataco todas tus defensas
con mi boca armada de unas ganas inmensas
que me bese tu boca y tu piel me acaricie.

Y cuando sientas dentro mi total entrega,
y tu cuerpo de ébano responda enteramente
vibrarás de lujuria y deseo irreverente
y aceptaré gustoso cuanto de ti me llega.

Jesús Quintana Aguilarte.

Fabricando un sueño.

¿Por qué no puedo al fabricar mi sueño,
soñar con los seres que no tengo y que ignoro?
sé que habrá alguno, que cuando río o lloro
quiera saber de mí, de mi vida y de mi empeño.

Que se esté preguntando lo que yo mismo inquiero,
una persona que sea un ángel, mi alma en la lejanía,
que me libere de esta celda donde espero prisionero
y que su decisión de amar sea grande como la mía.

Tiene este ángel mil dedos y con todos me acaricia,
por ella vivo y escribo, y hacia ella me dirijo,
para beber en sus fuentes las mieles de la delicia.

Por eso yo sé que tú instintiva me defiendes,
y que para ti estar lejos no tiene gran relevancia
porque si te veo en sueños y te llamo, tu me atiendes.

Jesús Quintana Aguilarte.

Gimiendo estremecida.

Fueron días de luz, días de amor, días de plata,
nuestros encuentros batallas de sangre y gozo
bajo nuestros cuerpos esgrima de miel y nata,
boca y senos, manos activas en vivaz retozo.

Nos entregamos en ahogados espasmos sin paradas,
de músculos y fuego que a nada que es, se parecía,
y al fin la unión de cóncavo y convexo fue lograda
como oleaje feroz que desborda la roca al hacerte mía.

Dejaste tu lengua tibia y húmeda acariciar mi oído,
con ese agradable aliento de rosas en el lamido
de manos que acarician para curar mi herida.

El último arrebato de pureza y de locuaz recato
calmado por mis besos que redoblan a rebato,
y gozar al verte a mi lado gemir estremecida.

Jesús Quintana Aguilarte.

Guerrero de paciencia.

Me sumo a los recuerdos de pasadas urgencias,
sentado en el frio banco de nuestra bella plaza
y pienso que este amor marcó la diferencia
como hierro candente, como canción de infancia.

Soy guerrero de paciencia buscando estabilidad
con los brazos extendidos anhelando tu calor
circúndeme tu abrazo, rócenme tus caderas
para que pueda ser dueño de tu precioso amor.

Con deseos muy profundos he vagado al acecho
del momento oportuno de vencer al indomable
al odio, la vanidad, los celos tan detestables
para que puedas sentir los latidos en mi pecho.

Te he visto en otra vida y pienso que no es muy tarde
que juntos crucemos bosques, las ciudades y los puentes
tú la más hermosa flama que sobre mi pecho arde
y yo orgulloso me exhibo paseándote entre las gentes.

Si cada noche tú llegas a través de mi ventana
te prometo que he de amarte hasta llegar la mañana.

Jesús Quintana Aguilarte.

Historias que nos traen las sombras.

Como recordar aquella negra noche
de pasos agobiados por el tiempo
de árboles clausurados por el cielo
de tibias puertas de cristal y abismos.

Donde una nube ocultara una estrella
cortando una porción de firmamento
soñándote cada noche oscura y bella,
y dejándome habitar tu pensamiento.

Por esas calles donde crece el miedo
quema la angustia cuando pasan las horas
un cuento siempre se va y se repite
un ansia interna que lo embarga todo.

Unos labios secos de maligno extraño
de hondos días de llover profundo
guardan misterios tras los ventanales
cuando entre pasiones convulsiona el mundo.

Jesús Quintana Aguilarte.

La primera sonrisa del mundo.

La primera sonrisa nos desvela
ese mundo de ensueño que anhelamos;
con la última sonrisa el alma vuela
llevándose este mundo que dejamos.

Este mundo, quebrándose en la entraña
de quien llora por dentro, y que lo envía
por esta laberíntica maraña
de la muerte, sirviéndonos de guía.

Ah, la sonrisa que regala un mundo
renovado y feliz al moribundo
sucumbe mi agresión tras breve lucha.

En las campanas del convento un día
grabé su nombre, y cuando van al vuelo,
tal vez un monje escucha 'Ave María'

Jesús Quintana Aguilarte.

La prisión de mis ideas.

Quien me considera locuaz, no se equivoca,
ni tampoco quien me estima transparente.
mi verdad nunca se escapa de mi boca,
porque si algo se calla, nunca se miente.

En la mente, con barrotes y candado,
blindo mis ideas que nunca manifiesto
ni llega nunca a conocerlas mi invitado,
ni la dama gentil con quien me acuesto.

Tampoco hablan mis ojos vigilantes,
ni tampoco un confidente me aconseja
solo trato de encontrar mi fiel pareja.

Yo romperé esta prisión cuando aparezca,
después de años de búsqueda anhelante
la amante que he soñado y lo merezca.

Jesús Quintana Aguilarte.

La soledad no es mi amiga.

Sé que es la soledad, platico con ella,
es como el perro amigo que lame tu mano
como una calle sin farolas, y sin salidas,
y las ventanas cerradas en muros de piedra.

Una página vacía que suplica unas letras,
cuarto de niño frio, sin cunas, sin gritos,
una montaña escarpada de cumbres blancas
un reto en la distancia, la paz sin sueños.

No quiero su amistad, pero ella se impone,
y las personas que amo no se dan cuenta,
no bebo, así que tampoco tengo esa puerta,
sus misterios me tientan, pero no me apresan.

Solo hay dos formas de enfrentarla en vida,
dejar que nos moldee o luchar por moldearla
se hará fuerte si el alma permanece dormida
incapaz de expulsarla o de controlarla.

¿Por qué, si no, al mirar las mismas cosas,
que tergiversa el espíritu y el ambiente,
lo que uno ve atractivo, o convincente,
otro lo arropa en dudas nebulosas?

Por eso cierro los ojos, y el entorno oscuro,
englobando mi mente, la soledad desplaza;
nace una luz lejana, y tras ella me apresuro
a bosquejar un sueño de amor, y darle caza.

Jesús Quintana Aguilarte.

Laguna de Mujer.

Bendice mis ojos con tu piel, laguna de mujer,
ya que la luz duerme en ella, y el tacto y el color,
sácame del fondo oscuro, no me obligues a beber,
del fango de tus dudas, ni arrastrarme en tu temor.

Porque yo te amo, con el amor que otra condena,
que está fuera de lo legal, de lo aceptado,
como quien rompe puertas, argollas y candados,
cómo se ama y se quiere a la mujer ajena.

Te quiero porque no eres, como todos saben que soy,
porque mi imagen no se refleja en tu espejo
y si al mirarte a ti mi amor, surgiera mi reflejo,
dejarías de ser lo que para mí eres hoy.

Por los poros del cuerpo se me ha filtrado tu alma,
dejándome vacío de miedos e inquietudes,
contigo voy vestido entero, de la deseada calma,
persiguiendo tempestades entre las multitudes.

Yo se que de noche tu sueñas que me amas,
como si mis manos estuvieran contigo,
y aunque tan lejanas están nuestras camas,
sé que sabes que tus manos retozan conmigo.

Jesús Quintana Aguilarte.

Locura, placer y demencia.

Me acercare despacio a tu silencio,
porque presiento las ruinas de este amor
es muy hondo y grande lo que siento
que no me cabe en el pecho este dolor.

Soy un alma desnuda que desea vestirse,
que suplica a tu boca que la vuelva a besar
dos brazos dolientes que intentan abrirse
y un corazón que sangra sin poderse calmar.

Con solo tu presencia mi vida se sofoca,
cuando observo tú cuerpo que alegre me reclama
y tus muslos me abrazan cuando acercas tu boca
y me enciendes despacio con tu caliente llama.

El amor es batalla y a la vez es conquista,
una guerra de cuerpos que claman la victoria
suele ser ciego y mudo, pero entra por la vista
y se aferra en el alma, también en la memoria.

Y llamamos por pura conveniencia,
amor, deseos, placer y cruel demencia.

Jesús Quintana Aguilarte.

Llámale desde la ventana.

Llámale, que vendrá; dile, insistente:
"Ven, amor, ven rápido a mi lado,
que tengo besos que nunca te habrán dado,
y esta hermosa flor será nuestra simiente".

Vendrá, vendrá por fin si tú lo invocas
verás cómo esta vez no se extravía
y desandando desde el infinito cada día
regresará desde otros labios a tu boca.

Porque hay palabras ancladas en tus labios,
y aunque callar puede a veces ser de sabios.
son bellos bajeles sin poder hacerse al mar;

Ojos de verde mar.... hay tantos mares,
tanto marino huyendo entre cantares
mas también es de amantes desahogar.

Jesús Quintana Aguilarte.

Llegarás en Silencio Amor.

Si llegas callada y silenciosa seré tu prisionero
Y juntos volaremos llevados por los vientos
Abrazada a mí y yo a ti en un solo sendero
Creado para los dos, dos almas de bolero
Con el mismo vaso para dos sedientos.

Te quiero en torno a mi amante y cariñosa
Como collar al cuello o a mi dedo anillo
Como besos que brillen en ti como zarcillos
Para entregarte al fin de mí pecho la rosa.

Responderán los cielos todas nuestras llamadas
Me entregaré a ti en todos los sentidos
Seremos dos almas con los mismos latidos
Y haremos el amor toda la madrugada.

Si te llamo en silencio, tan distante.
Sin saber si me escuchas, sin que el viento
Destroce con tanta furia mi ventana.

Si llegas a mi lado en noche oscura y fría
Sabrás que al despertar estallare de alegría
Y al fin sabré que mi llamada no fue vana.

Jesús Quintana Aguilarte.

Llegó el invierno.

Llegó el invierno con su manto de Rey acongojado,
poblando de un blanco y frio barro los caminos
de rosales, álamos y abedules descarnados
de esperanzas, sentimientos y sueños azulados.

Frio como esta soledad que me acompaña,
amante posesiva que sin ti siempre me amarga
tratando con fuerza de en mi mente eclipsarte
y que por luchar recordarte siempre me regaña.

Y en mi mente tomaste mi mano y dijiste vente,
yo me dejé llevar, no sé hacia donde
ni con qué fin, ni con promesas.

Te detuviste a besarme tan de repente,
y te pregunte amor ¿por qué? y me respondes
porque nadie ha logrado besarme como me besas.

Jesús Quintana Aguilarte.

Memoria a los balseros.

Lejana orilla donde se estrellan,
olas, llantos, y despedidas;
infame puerto de los que sueñan,
y arriesgan todo en aguas prohibidas.

Como equipaje a calmar el ansia,
llevan la fe que los reconcilia;
una estatuilla de la alta gracia,
y la vieja foto de la familia.

Zarpan cargados con la ilusión,
que en otra tierra habrá mejor vida;
el sol quemando hasta el corazón,
el mar salado, y la fe prendida.

Se van remando entre el canto de aves,
Como el gran COLON, en su propio tiempo;
con la ilusión cargada en las naves,
que un día zarparon a un mundo nuevo.

Llegó a otras tierras a conquistarlas,
más que asombroso, lo que hace el tiempo;
ahora son otros los que, en las aguas,
lo arriesgan todo hacia un mundo nuevo.

Jesús Quintana Aguilarte

"Mi Amor te hablaré de sueños".

Si eso es lo que quieres, mi querida amiga
te hablaré de sueños, de amor, de la vida,
de cuando cruzaba con pasos muy lentos
frente a tu ventana, muerto de fatiga.

Te hablaré de estrellas fugaces que fueron
únicas testigos de penas y desvelos
de cauces muy secos y tristes desiertos
de la luna amante de mis desconsuelos
de querer mirarme en tus ojos bellos
y mi decisión de morir por ellos.

Tú hablarás de sueños si te lo pidiera,
de las tardes grises, de cualquier invierno,
y quizás susurres cerca de mi oído
tus palabras dulces, palabras sinceras.

Pero no solo hoy te contaré mis sueños,
cada noche tibia yo vendré a cantarte,
canciones que logren la vida endulzarte,
y poemas que nunca hayas escuchado.

Y cuando la aurora detenga el momento,
sabrás el secreto de mis sueños dorados.

Jesús Quintana Aguilarte.

Mi cómplice es mi musa.

Qué bella estás mi musa cuando callas,
qué bella estás cuando al llegar me gritas,
no sé si soy mejor contigo en las batallas,
o si cuando en quietud y paz me solicitas.

Mas sólo yo comprendo tu real sentido,
de llevarle a mí amada poema y prosa
mirar hacia atrás, como si hubiera oído,
a alguien que la colmó de amor y de rosas.

Con las campanas mi musa llegó un día
grabando el nombre de mi amor al vuelo,
tal vez todos escuchen un 'Ave María'
en la voz feliz de los ángeles del cielo.

Quien me juzga locuaz quizás se equivoca,
también falla quien me estima transparente
la poesía se luce cuando el corazón te toca,
y la amistad perdura cuando no se miente.

Yo al impulso de mi musa felizmente me dirijo,
y en la complicidad de su consejo me regocijo.

Jesús Quintana Aguilarte.

Mi paloma de ensueño.

Siempre serás bienvenida, mi paloma de ensueño,
aunque exista la distancia, el rubor, la fantasía
a tu puerta golpearé persistente y con empeño
y por tu ventana me verás morir de lejanía.

No sé si lo que quiero es hablarte con mis manos,
cuando las horas más bellas se me tornan sombrías
pero sacuden mi mundo desvelos cotidianos,
de recorrer tu cuerpo con la piel de las mías.

He de recorrer tu cuerpo de los pies a tu frente,
sobre una barca llena de mi deseo en flor,
y cuando la tormenta mi barca me reviente
naufragaré en tus brazos pletórico de amor.

No besaré tus labios en una habitación oscura,
donde el mundo nos mire fraguando una traición
quiero la luz mi amada, la luz más clara y pura,
observando en tu rostro, la más clara expresión.

Yo te invito a mis ansias, que tú has visto crecer,
con sabor agridulce de naranja y limón
es la expresión más pura que te puedo ofrecer,
de un amor que rebasa límites de expresión.

Cada vez que me nombras, en el eco me alcanzas,
multiplicas mis penas tan amenazadoras
yo que antes fui guerrero empuñando una lanza,
hoy soy avanzadillas con ansias vengadoras.

Por tu nombre mujer, a las cosas voy llamando,
y todos saben que vivo, porque te sigo amando.

Jesús Quintana Aguilarte.

Mis letras con doble llave.

Me llega desde el centro de tu alma,
tanto amor y a la vez tanta interrogante,
que no quiero cargar tanto peso agobiante
cuando tú bella carta me produce la calma.

Cada noche en lo cálido del lecho recibo,
tu invisible abrazo, y tu dulce fragancia,
te acomodas a mi lado mientras te escribo
estas letras que reflejan mi constancia.

Tú desnudas mi alma con tus ojos trigueños,
que me miran por dentro aun sin estar presentes
desnudando mi mente, revisando mis sueños
con un amor tan dulce, amor clarividente.

Y si a mi encuentro vienes, luego de tu partida,
precisará mi vida de un corazón de acero
porque, al no haberte visto, con ansiedad te espero,
solo para abrazarte mujer desconocida.

Te escribo y me estremecen los temblores
de tu corazón que siempre ha sido la clave
de esta pasión que como redoble de tambores
me encierra dentro de ti con doble llave.

Jesús Quintana Aguilarte

Mujer hermosa y desafiante.

Como un retrato de mujer, hermosa y tendida,
en aptitud desafiante, como mágica ofrenda,
te has mostrado cual eres, solo para que comprenda,
que he perdido en el viaje, quizás toda mi vida.

Quiero que arda este mundo de mentiras hirientes,
donde una emboscada, sin querer me ha hecho parte,
donde la verdad y la razón no fueron ya suficientes,
y se ha quemado mi alma, mi vida y todo mi arte.

Quiero que llegue un viento que limpie los rastrojos,
llevándose hasta las nubes este amor que me doblega
que borre todas mis letras y libere mis enojos
y traiga con nuevos bríos el amor que otras me niegan.

Y tal vez los poetas, los amantes, los pintores,
los hijos de Homero, de Afrodita y de Marte,
que en viva llama expresan sus odios y sus temores,
puedan devolverme algo para continuar haciendo arte.

Y ese retrato de mujer que por años yo he llorado,
me ocuparé que no siga en mis paredes colgado.

Jesús Quintana Aguilarte.

No sabes amor cuanto lo siento.

Murió mi amor y al llegar al cielo,
sentí un dolor profundo por haber dudado,
por confiar solo en lo que había escuchado
y hacer de tu vida tristeza y desconsuelo.

Hoy siento nostalgia de las estaciones,
donde la paz duerme inmensamente quieta,
rodeada de bien, de amor, sin desilusiones,
donde mirarte a los ojos era mi noche perfecta.

Me llega a veces tu canción lejana,
la sonrisa de tu rostro, el roce de tu vestido,
y de rodillas imploro por estar dormido
y me despierte pronto tu beso en la mañana.

Por eso suplico a Dios si un día yo veo,
entre rayos de sol, nubes y viento,
abrirse tus ojos lejos en el firmamento
que te deje saber amor, cuanto lo siento.

Jesús Quintana Aguilarte.

Nos dejaste sin pronunciar palabras.

En los días alegres con un final festivo
partiste en silencio sin una despedida
cruzaste el umbral legándonos al olvido
dejando este portal sin anunciar salida.

Dejaste tus poemas como alguien que derrocha
de antífonas y versos con afán y descaro
creyendo ser el amo, un gigante con garrocha
caporal que viola reglas con la luna como amparo.

Eres el hombre cruel fugitivo y moribundo
que se arrastra con los últimos temblores.
¿Han de morir también nuestros amores,
o nos obligas a descubrir un nuevo mundo?

Hombre de letras te veo, espléndido y avaro,
al hacer tu sementera pueril en campo ajeno
y dejar abandonado este tu fértil terreno,
ahora seco, marchito y estéril bajo el cielo claro.

Jesús Quintana Aguilarte.

No quiero sufrir eternamente.

Despertar por fin de este largo sueño,
y sentir que de tu vida eres dueño.

Voy perdiendo la vida lentamente
traspasado, mordido, vacilante.
si la espera se alarga, qué doliente
me verás al llegar, qué agonizante.

Te diré lo que pienso, mas no todo;
esto es sinceridad, no sé otro modo.

Por eso yo he luchado con empeño
no sé sufrir de amor eternamente
yo no quiero morir dentro del lodo.

Jesús Quintana Aguilarte.

No preguntes demasiado.

No indagues demasiado en mis pesares
que hay zonas que mejor será no verlas,
porque puedes hallar entre las perlas
las telarañas del miedo y sus adversidades.

Si intentas desvelar lo impenetrable,
con llave auténtica o falsificada,
quizá hallarás la flor, quizá la espada
desgarradora al tajo inevitable.

Es el amor a veces frío como la nieve,
con ásperas aristas, duras y lacerantes;
y aunque el sol brille fuera, dentro del alma llueve,
porque hay en cuerpos juntos espíritus distantes.

Jesús Quintana Aguilarte

Nuestra Luna de plata.

Yo soy más fuerte si al amor me aferro,
abonando con el mi jardín y mi labranza
desterrando el dolor y la desesperanza
reforzando nuestra unión con un escudo de hierro.

Y de noche yo le canto al amor que hemos creado,
con la música preciosa que compusiste tu misma
con esa luna de plata que se recrea en la marisma
cuando te sientes feliz si yo me acuesto a tu lado.

Yo te llevo grabada muy dentro de mi memoria,
sobre un fondo estrellado y rodeado de palmeras
tú la dueña absoluta de todas mis quimeras
que perpetuará para el mundo nuestra historia.

Yo, tendido en la pradera y tú a mi lado,
de ese árbol nuestro que a crecer se obstina
recreando la paz que juntos hemos ganado
bajo esa luna de plata que todo el campo ilumina.

Jesús Quintana Aguilarte.

No puedes irte, aún no te conozco.

¿Cómo te puedes ir si no has venido?
¿Cómo te ausentarás sin conocerte?
¿Cómo en tan corto tiempo habrás podido
herirme el corazón para quererte?

Bajo la piel, intenso, apasionado;
sobre la piel soy sólo sugerencias;
y la mujer que el corazón me ha dado,
pide que las transforme en exigencias.

En concéntricas ondas expansivas,
satisfacción y orgullo han arribado
a las orillas de mis perspectivas,
desde donde te veo, y me han dejado.

Satisfecho de que una vez más vivas,
y orgulloso de haberte despertado
del letargo que trajo tu aislamiento,
para otorgarte un nuevo sentimiento.

Jesús Quintana Aguilarte.

"Océanos Inaccesibles".

Océano que lucha contra el tiempo
vacía la imagen reflejada en el espejo,
estrellas nubladas de horizontes
inaccesibles esperanzas en los sueños.

Relámpagos simulan luz en las noches
penumbras apagan el amanecer,
gemidos bajo sábanas ocultan el llanto
y progenitores sin saber qué hacer.

Muere el pensamiento en el ocaso
miedo a la derrota sin batalla,
ángeles confesos anhelan el poder
y mártires anuncian su plan suicida.

Calles minadas con degeneraciones
cultivan el placer a la supervivencia,
monumentos políticos a la mentira
manejando a su antojo las conciencias.

" Vivir lo inevitable se hace necesario
se presume que la ley es educada,
¿quién pide justicia después de muerto?
si el silencio, es sinónimo de balas.

Jesús Quintana Aguilarte.

Olvida las despedidas.

Sí amiga, las despedidas afectan el alma,
lastiman el corazón y los sueños
y en respuesta a tu pregunta solo el amor
puede garantizar que no acabe la vida.

¿Por qué insiste la humanidad
en disfrazar el mundo a su manera?
en destrozar las esperanzas, la vida,
sin dejar ver dentro lo que hay fuera,
debemos amarnos es la única manera que
puede garantizar que no acabe la vida.

No tienes por qué sufrir de lejanía,
el amor suaviza el tormento y el llanto
y si algo atormenta tu hermoso pecho
el amor puede garantizar que no acabe la vida.

Porque amor hablas del cadalso,
de días grises de mortal mortaja
y si deseas eliminar tu frio profundo
entrégame el amor de todo tu ser
así podré garantizar que no acabe la vida.

Hablas de la agonía que cubre tu alma
pero si te amo, ¿porque tienes ese dolor?
sabes que siempre me tendrás en tu vida
yo te garantizo futuro y amor.

Jesús Quintana Aguilarte.

"Para cuando no estés"

Para cuando no estés, yo tu amor acaparo,
más que nunca te beso, más intenso te amo,
y calmando mi sed en tus labios de miel,
con mis voraces manos yo recorro tu piel.

Tú me dices; ... ¡Ya basta!¡Por hoy es demasiado!,
y yo tan sordo insisto en lograr el pecado,
y se apaga tu voz, te delata el aliento,
de tu boca que clama por el salvaje encuentro.

Y te resistes tú, y lo consigo yo,
y el crujir de la cama revive la pasión,
me preguntas; ¿Me amas?, yo respondo, ¿No ves?,
y hasta mi espalda abrazas con tus desnudos pies.

Y gritamos los dos en una sola voz,
y la oportuna brisa nos libra del sudor,
de dos cuerpos cansados de tanto contraer,
y susurro a tu oído; Para cuando no estés.

Jesús Quintana Aguilarte.

Poniente.

Tú eres eco, verso, amor y eres simiente,
una faceta de dos almas, eres diamante
no solo eres preciosa, tú eres el arte
clavada en mi alma como daga hiriente.

En cascada bajas de la alta montaña
como susurro gigante de musculo y grito
no solo esparces frescura, cierras el abrazo
y alegras mi mundo que sin ti esta maldito.

Eres pluma en vuelo, hoja, surco, eres paloma
la que quisiera guardar en cofre de oro
luna azul, estrella, un ánfora de paz rellena
que se me fue esfumando y que aún lloro.

Quiero ser una barca hacia el poniente,
iluminada con tu risa, tu amor, y tu alegría,
mirar atrás hacia nuestra propia esencia
y convertir la espera en agradable sinfonía.

Muchas veces nuestras almas se besaron,
y hoy vuelan juntas convertidas en poesía.

Jesús Quintana Aguilarte

¿Por qué esa canción?

¿Por qué te abrazas a esa canción sangrando,
que consume tus entrañas, y se trasvierte
en poesía cuando nadie está escuchando?

Cuántas palabras de amor escribí soñando
que tal vez no escuchaste, y apenas leíste,
aunque desde el papel te seguían gritando.

Han perdido mis ojos su luz en el paisaje,
del negro mar en que me he sumergido
como si el olvido me sepultara con el oleaje.

Como si el único rumor de ti que advierto
fuera ese golpe de campana de fúnebre tañido
que me amortaja entre olvido y desconcierto.

Siempre que escucho esa canción de fondo
sangra toda mi alma llena de tormento,
como si fuera una traición si la respondo.

Cuando no estés, me acercaré a tu casa,
clavaré en tu puerta una rosa marchita
y me alejaré confundido entre la gente que pasa.

Jesús Quintana Aguilarte.

Preguntas sin respuestas.

Tus preguntas apenas contienen las respuestas
ocultas en las noches sosteniendo las dudas
preguntas muy ligeras, con sus aires de fiestas
preguntas que me dejan toda el alma desnuda.

El frio de tus frases hechas de reglamento
con sus tonos ligeros socavan mis trincheras
con el aire sutil de quien las grita al viento
acunando maldad dentro de mis fronteras.

Las frases más reales, son de desconocidos
como siempre es más azul, el cielo al otro lado
o tal vez el amor llegue a nuestros oídos
al escuchar a quienes hablan a nuestro lado.

Prometiste amarme al final del invierno
ya está pasando el verano y te siento tan fría
como aliento que llega del más profundo averno
dejando que las dudas me hagan compañía.

Marquesinas de luces en la noche callada
que rodean mis ventanas y mi casa circunda
llegan hasta mi cama, triste y desolada
hasta que otra mujer, nueva vida le infunda.

Jesús Quintana Aguilarte.

Puentes de amor olvidados.

Tú, que fuiste requiebro y luz en mis auroras,
entrelazando puentes de amor entre los dos
tú, que tal vez si lloro de amor, también lloras,
quédate junto a mi pecho y nunca me digas adiós.

Tú, que al bordear tú espacio te intercalas en el mío,
y muy lentamente me absorbes hasta no dejar nada,
te has alejado en silencio dejando este cruel vacío
cómo se quedan las playas una vez que son saqueadas.

Hoy solo quedan penumbras, almas vacías y ciegas,
y muy allende los mares se me ahogaron los recuerdos
mientras más cerca más lejos, más me confundo y pierdo,
mis letras que naufragaron confundidas con la entrega.

Se me ha caído el alma, yace inmóvil en la tierra,
pero yo sigo escribiendo porque la muerte me aterra.

Jesús Quintana Aguilarte.

"Quien conoce el Amor"

¿Quién conoce el amor? Que me dé explicación
¿Que podría yo hacer? Para más no sentir
Esa llama que crece, y enciende la pasión
Que quema muy adentro, y daña mi existir.

¿Quién podría decir? ¿Qué es lo que está pasando?
¿Por qué dos corazones que se aman? Se hacen daño
Entre más cerca están, más se van alejando
Tanto sólo la ilusión queda como un peldaño.

¡Busco mi corazón!... mi corazón perdido
¿Quién lo pueda tener? Para que me lo dé
No debe de ser igual, no puede estar herido
Y que encienda de fuego Todito mí ser.

Quiero unir la pasión y crezca sí el amor
Para que nunca muera, no sentir la herida
Que deja la ponzoña Que alimenta el dolor
Y sufra con la ausencia de una ilusión surgida.

Jesús Quintana Aguilarte

¿Quieres acompañarme?

Quieres acompañarme a disfrutar de la vida,
que unidos exploremos con delicias nuestros cuerpos
quiero saber con detalles la estructura de tus besos
tus misterios, tus pasiones, lo profundo de tu centro.

Deseo mostrarte amor, de que esta hecho mi pecho
como a tu alrededor, se articulan bien mis brazos,
pasear mis manos por tus senos que están hechos
de pura pulpa de mango, de puro frescor de helechos.

Y ése, tu mágico vientre, borde y centro del camino
que conduce beso a beso, hasta el agua de la vida,
quiero mostrarte mi espada, extraer tu dulce vino
utilizarla mil veces y que se mantenga erguida.

Quiero rodear tu cuerpo, como quien está al acecho
como quien caza furtivo, a un enemigo despierto
calentar tu linda espalda, con el furor de mi pecho
y penetrarte profundo, lentamente y sin rodeos.

Quiero que con tus gemidos despiertes a los vecinos
quiero derramarme todo sin contener el aliento
que el mundo sepa que gritas, de placer y de delirios,
que me das toda tu vida, con tu último suspiro.

Después de unos instantes, con mi lengua bien golosa
recoger todas las mieles, reconocer mi derrota
entregarte el corazón, formando un collar de rosas
y llamarte mi mujer, mi campeona, mi amazona.

Jesús Quintana Aguilarte.

Quiero escribirte un poema.

Quiero en silencio escribirte un poema,
en romántico espiral de impulsos silenciosos
acercarte a mi pecho con delicadeza extrema
y en secuencia armónica de besos temblorosos.

Al crear mis palabras, cada verso que escribo,
es un tramo que avanzo, un gemido que elevo,
túnel que abro en la roca, muralla que derribo,
una orquídea que siembro, un puente que renuevo.

Y cuando tú despiertas en el cuenco de mi mano,
hermosa mujer por quién este hombre suspira,
te darás cuenta de que aún es muy temprano
para abandonar mi cama y este pecho que te admira.

Y cuando al fin navegues en mí por la lectura,
seré el sueño que un día se estableció en tu mente
seré tu amor, tu entrega, tu pasión, tu aventura,
la luz de tu pasado y la sed de tu presente.

Jesús Quintana Aguilarte.

Quiero que me ilumine tu semblante.

Entraré a tu cuerpo como si emprendiera,
un viaje por tierra, o una ruta por el mar,
sólo por la delicia de que seas mi compañera
de que juntos un día nos lleguemos a amar.

Quiero sentir tus manos que, sobre mi sedosa,
en tono desenvuelto y en un tul transparente
se tiendan deseosas y junto a mi yacente
nos sorprendan de pronto las auroras luminosas.

Es tu boca y tu piel voluptuosa oferta,
que deja entre mis labios un beso de recato
como una virgen hermosa Diosa errante.

Sintiéndote a mi lado mi mano es la que acierta,
a iluminar tus curvas que en un lienzo retrato
con el placer y el amor iluminando tu semblante.

Jesús Quintana Aguilarte.

Quiero que seamos familia.

Cuando los labios se adormecen en los recodos suaves,
y al velamen de ramas, el viento impulso ofrece,
solo pienso en dirigir hacia ti la proa de mis naves
para estar a tu lado amor, cada día que amanece.

Iniciamos la vida escalando los peldaños,
superando los abismos para al fin salir triunfantes
entregando nuestras almas, tratando de no hacer daño,
solo con la vista puesta en tus labios anhelantes.

La vida es una carrera con los mástiles al viento,
la meta nos llama a todos, los buenos, los incapaces,
las relaciones terminan a veces en sufrimiento,
muchas veces en familia con metas alucinantes.

A veces muy distraídos olvidamos los sentidos,
extendiendo nuestro abrazo, pero sin tocar las manos,
y queremos arreglarlo si el amor vemos lejano
sin pensar ni un momento en tantos años perdidos.

Yo te quiero Alma Gemela, quiero que seas mi amante,
sentir todas las mañanas nuestros labios fusionados,
y no ser dos extraños por caminos tan distantes
quiero ser tu familia, permanecer a tu lado.

Jesús Quintana Aguilarte.

Quiero volver a casa.

Quiero volver a casa sin pensar en lo vivido,
a esa tierra que ha visto mi gozo y mi pesar,
caminar por sus calles abandonadas al olvido,
por personas que juraron que nos iban a cuidar.

Ver a quienes no tuvieron, y que tanto amaron,
a los que sí alcanzaron, y que luego lo perdieron,
a los apáticos que la libertad nunca apreciaron,
la paz, el gozo, de los que luchando murieron.

A los misántropos que al pueblo no escucharon,
a los cantores que con sus cantos nos vendieron,
a todos, al despierto, al fuerte, al débil y al dormido:
verlos acariciar un sueño que por desgracia han perdido.

El silencio cobarde es morir; o vivir asesinado.
en una patria donde todos aceptaron suicidarse.
es decirle a quien nos hiere: Saca el puñal clavado,
y deja que el alma pueda llegar a desangrarse.

La patria es lucha y a la vez es movimiento,
es parte de la vida que nuestro Dios nos ofrece,
por eso debemos unir nuestros sentimientos
y presentar la batalla que al final nos recompense.

Jesús Quintana Aguilarte.

Recuerdo la paloma blanca.

Sí amiga, recuerdo aquella tarde, triste,
que aún perdura en mi memoria,
las sombras normalmente largas, marcaron su vuelo,
como si gritara lo sola que estaba,
aquella paloma blanca, de pasiones y ansias
cuando la tarde se iba cuando tú te alejabas.

Ella levantó el vuelo, extendiendo sus alas
mientras se alejaba, partiéndome el alma,
con sus alas blancas, con su alma herida
con su paso firme y su frente en calma.

Mientras te marchabas yo grité de pronto,
con todas mis fuerzas, con todas mis ansias,
se inclinó tu frente abriendo tus alas,
y en la suave brisa, planeaste en calma,
mi dulce paloma, mi paloma blanca.

El trino de las aves anuncia la mañana,
ya la noche oscura se bate en retirada,
y nuestra paloma, ya los cielos surca,
mientras yo muy triste la miro de lejos,
como vence al mundo, con sus propias alas.

Jesús Quintana Aguilarte

Respuesta a Dudas y Dilemas.

Silvio, un viaje difícil para hacerlo tú solito,
buscar respuestas ocultas al dilema de la vida
es como escalar, las cumbres más atrevidas,
para luego regresar y encontrar más de lo mismo.

La Internet, rio profundo y muchos, muchos canales,
a veces cuando intentamos encontrar una respuesta
nos lleva corriente abajo, a lugares infernales
donde el virus de la vida nos hace trizas las puertas.

El plagio ya lleva siglos convertido en un mal bicho,
y quizás por mala suerte muchos lo han padecido
a veces pienso es envidia, la gangrena literaria,
pero al final del camino se engañan ellos, he dicho.

Sé que causan repugnancia esos autores baratos
que se roban las ideas, son gente de baja estima,
que van como mercenarios, crápulas del triunvirato,
siento pena de los seres que ni a pensar se animan.

No hay respuesta a tu pregunta de forma satisfactoria,
solo son partículas, fragmentos de un todo inacabado,
y no hay que preocuparse serán lobos trasquilados
que por mucho que quieran no llegarán a la historia.

Esta pregunta es más fácil, todos debéis saberlo,
nuestras páginas sociales están abiertas al mundo
y por mucho que queramos no podemos contenerlo
cuando un bandido se cuela con su olor nauseabundo.

Me alegra que estés feliz, se nota por tu pregunta,
y aunque no soy campesino yo me atrevo a contestar
que, en los trabajos del campo, como en el buen versar,
se avanza mucho si está arriando pareja la yunta.

La muerte y la vida están juntas como dos hermanas,
dijo un cubano muy viejo amante de la verdad
que cuando la muerte busca alguien para su rebaño
no le importaba el tamaño, ni hacia qué lugares va.

Amigo, es ambiguo responder a quien será el Campeón,
pues aún estamos en cuartos, y la suerte no está echada,
a mí me gusta Brasil, Chile y la Argentina, ya ves,
y no sé si te ha agradado mi repuesta preguntón.

Tú no tienes un dilema, te pasas la vida gozando,
y quizás en este momento te tomes una cerveza
y mirando la pantalla y ladeando la cabeza
vislumbres que tus amigos estén duro batallando.

Si haces esa pregunta es que de la vida sabes poco,
y sabes que ni por asomo me presto a tu jugarreta
pues escribir en versos, no nos convierte en poetas,
pero después que aprendemos, la poesía nos vuelve locos.

Te lo dije, lo sabía, tu solo estas disfrutando,
poniéndonos trabalenguas, gozando como un poseso,
pero para que te conste que en un proceso inverso
este amigo que te quiere se pasa la vida versando.

Jesús Quintana Aguilarte.

Sé que no me has olvidado.

Me pensarás un día como tu día perfecto
recordando los momentos que conmigo tuviste,
luna, que en las noches alumbra el momento correcto,
fascinación lejana de la que al fin amor huiste.

Y seré yo en tu memoria un paisaje diminuto
que perdido en el tiempo a recobrar ya no aciertas;
fase de años amor y felicidad reducida a un minuto,
hojas de otoño al viento, tan perdidas, tan muertas.

En las campanas del convento que repican día a día,
grabé tu nombre en silencio, y cuando se van al vuelo,
tal vez el mundo escuche un triste 'Ave María'
cantando en la voz de los bellos ángeles del cielo.

Mas sólo yo en este mundo comprendo su sentido,
y tu mi amada quizá algún día sepas lo que pasa,
y mires hacia atrás, como si al fin hubieras oído
que alguien te está llamando, diciéndote regresa a casa.

Al marginarte amor entre las leyes aprendidas,
oh, es como una explosión de rosas encendidas.

Jesús Quintana Aguilarte.

Seguro de lo que fui.

Hay estrellas que navegan a través del universo,
hay palabras que al decirlas revelan su armonía
que navegan por océanos, sin oleajes y muy tersos,
y que de él salen hadas que van formando tu verso.

Quisiera que, al rescatar las letras de los rincones,
quedaran en los recuerdos, en las runas de la vida;
de nuevo abrir las ventanas, las puertas y los balcones,
y el sol en ellos penetre marcándonos la salida

Cada ángulo perdido, cada portal, cada esquina,
fue una parte de ti, también de mi fue una parte;
hoy son tierra de nadie, templo vacío y en ruina,
fantasma azul, que está muy cansado de esperarte.

No sé si yo estaba muerto, pero en ti he renacido,
o si, estando dormido, me ha despertado tu voz;
me asediaba el cruel invierno, y a mi cuerpo aterido,
se ciñó el tuyo cálido, embozado en tu albornoz.

Fuiste una mágica mano dándole vuelta a mi vida,
detrás de ti el universo, las estrellas frente a mí;
por eso sé que precede si la memoria se olvida,
no de quien hoy soy contigo, sólo de lo que fui.

Jesús Quintana Aguilarte.

Si beso tu boca, ¿Te gustaría?

Vienes descalza a pasearte por mi alma,
dejas huellas en mi cuerpo y yo sin verte
me robas la paz, mis sueños y la calma
tras haber intentado llegar a conocerte.

El aroma tuyo aún persiste en mis manos,
marcado me dejas, pero no huyo de ello
no hay mejor prueba que mostrar tu sello
eso me convierte en mejor ser humano.

Me verán los amigos, pasar por donde voy,
percibirán de mi tan solo tu fragancia,
y al escuchar en mí, tu pérfida resonancia
sabrán lo que tú eres, también lo que yo soy.

Pero no te quiero en paz, por ti batallaría,
rodearte con mi asedio, creándote inquietudes
en franca arremetida, mostrando mis virtudes
y al besarte en los labios saber, ¿Te gustaría?

Jesús Quintana Aguilarte.

Sí amor, ese momento.

No me hables hoy, mírame sólo y calla,
disfrutemos del espacio, vivamos el momento,
sentirás que al unirnos una galaxia estalla
y sobre nosotros diluvian sus fragmentos.

Claro que sonrío cuando me hablas de cariño,
y si me juzgas locuaz, claro que no te equivocas,
sueño en despertar en tus brazos como un niño
y deleitarme todo el día con los besos de tu boca.

Si me deleito recorriendo el contorno de tu rostro,
yo siento que me invade una paz muy silenciosa
que solo el alma escucha, que no llega al oído,
abriéndose callada como se abre una rosa.

Seré como una canción que te brinda paz y abrigo,
un aspirante a poeta que en declararse insiste
que no sé a dónde voy, pero sé de dónde vengo,
con el alma enamorada y el corazón muy triste.

Jesús Quintana Aguilarte.

Soy de una isla azul que ama la Libertad.

Soy de una isla azul asentada en el Caribe,
que antaño fuera un faro de luz y de alegría
cómo no recordarla si yo en mis correrías
cantaba una esperanza soñando que era libre.

Unos extensos valles anclados como naves,
producían el azúcar, el tabaco y el café
y en las altas colinas donde vuelan las aves
las frutas más hermosas, los mangos del Caney.

Playas que compiten por ser de las mejores,
ciudades tan antiguas, de eso España da fe
por sus parques se pasean las damas y los señores
con sus sombreros en la mano y apretados corsés.

Éramos gente humilde trabajando la agricultura,
con las ideas que dieran Gómez, Maceo y Martí
no nos gustaba la guerra, solo crecer y vivir,
apoyados en el trabajo, el deber y la cultura.

Por eso es por lo que yo les juro, en esta o en otra vida,
cuando en mis sueños recuerde todo lo que vivimos
como una ola gigantesca se barrera nuestra tierra
y junto con Dios reconstruir a nuestra Patria querida.

Jesús Quintana Aguilarte.

Soy la pluma y la semilla.

Soy la pluma que a sí misma se dibuja,
un poema, la canción que nadie canta,
la semilla que en el surco no se planta,
soy el hilo desprendido de la aguja.

Dibujaría tu perfil, contigo siempre a mi lado;
vibrarían de pasión mis cantos en tu oído;
de mi mente enamorada brotaría un tallo erguido,
y estaría en permanencia sobre ti enhebrado.

¿De dónde nace ese temor que te hace
temblar en dudas cuando te desnudas,
si te complace que mi vista abrace
con voces mudas lo que tanto escudas?

Recogeré en otoño tus alegres sonrisas
bajo los olmos secos desnudando el llanto
de las hojas, que por ti flotan indecisas,
y al fin descansan en crujiente manto.

Sobre esta alfombra te dejaré tendida,
bajo diáfana y cristalina cúpula de ramas,
sólo para mí de tus deseos revestida,
y ofreciendo amor lo mismo que reclamas.

Jesús Quintana Aguilarte.

Soy solo un grito que llama.

Es un dolor infinito, sentirme perdido y triste,
y suprimo la distancia, recreándote a mi lado
yo esperaré tu llamada, manteniéndome callado,
porque el amor verdadero es el que siempre persiste.

Y esperaré como un lobo, agazapado y hambriento,
hasta que mi triste aullido te repercuta en las sienes,
como el otoño que acaba, cuando el invierno ya viene,
como el rio en primavera, cuando inicia el movimiento.

Y es que todo me propulsa hacia ti invariablemente,
con la furia de un tornado, que a su paso todo eleva,
porque no puedo creer que tanta pasión se muera,
y la tristeza del mundo, se te alojara en la mente.

Sé que te quiero por siempre, y para que eso vivo,
para ver en un instante como se engalana tu alma,
soy feliz si estás conmigo, y sin ti un fugitivo,
soy solo un grito en la noche, que desde lejos te llama.

Jesús Quintana Aguilarte.

Sueños, poemas y esperas.

Descolgado entre rocas, tu amor es la llanura,
yo un rio de sueños que nace en la montaña
que arrasando a su paso desbroza la maraña
y al llegar a tu valle se transforma en ternura.

Eres también bravía deteniendo la corriente,
y aunque tú eres origen surtidor que venero
eres placido estanque donde afluyen y espero,
se vuelva realidad lo que solo está en mi mente.

Tanto tiempo mirándote, sin ver tu bella cara,
tanto tiempo a la orilla de tus ojos sin verme
yo escribiendo poemas que tratan de convencerme
que ocurrirá el milagro de vernos cara a cara.

Tus hermosos poemas me golpean las sienes,
como el vital latido de un corazón sediento
como el ardor creciente de saber que ya vienes
y que nuestro amor se pondrá en movimiento.

Y es que tu nombre estalla, repercute en mi mente,
como el mar que consciente en sus olas me eleva
y hacia ti me propulsa aún contracorriente
y marcando mi destino hasta tus brazos me lleva.

Jesús Quintana Aguilarte.

Tal vez si te haga gracia.

Lo que sueño, tal vez no te haga gracia,
o no te haga soñar, quizás ni te interesa,
pero si aceptaras hablar, en primera instancia,
nunca te arrepentirás, es mi promesa.

Seré tu sombra como suave terciopelo,
que va rozándote con todos mis sentidos,
como un solo de flauta, o violoncelo,
para saborear tus labios y sentir tu latido.

La luz de la mañana dará en el lecho,
como un trallazo en la espalda, doloroso,
mientras tú te refugias en mi pecho,
angustiada y feliz, y yo tan dichoso.

Brazos abiertos, montañas desafiantes,
desplegando su altura hasta los cielos,
como las frías cumbres de los Andes,
a las que me aferro para emprender vuelo.

Seré tu amante de instintos agresivos,
que sobrevolando voy por tus colinas,
besando las cimas, mesetas, tantos objetivos,
y penetrándote el alma, al fin por las retinas.

Jesús Quintana Aguilarte

Te has quitado el antifaz.

Te consagré mujer, mi sola y triste alma,
fundida al fuego en amante requiebro
y cuando pensé que juntos veríamos el cielo
te echaste atrás, manteniendo tu mundo en calma.

No sé si me alertó mi don paternalista,
pero yo siempre supe que no habría un final
y no te culpo, me culpo yo por idealista
al pensar que había encontrado el amor y su caudal.

Hoy que tus mentiras al fin ya no se ocultan,
puedo jurarle al mundo que no repetiré
los errores de un amor que mis sueños sepultan
sueños de amor prohibido, sueños de una mujer.

Es júbilo o solo es tristeza la esperanza,
¿nos engañamos o simplemente no entendemos?
ya no pretendo esperar una paz que no me alcanza
y aunque quiero navegar, no puedo hacerlo sin remos.

Sé que he vivido ayer, y sé, que hoy aún vivo,
pero no sé realmente si viviré mañana;
soy un momento fugaz, ardiente y fugitivo,
solo un momento feliz, y un final de mala gana.

No se extiende por eso más lejos mi objetivo,
para este instante ya mi alma se engalana.
aléjate ya, sin condición, sin pacto,
y quizá muy pronto se me olvide tu tacto.

Jesús Quintana Aguilarte.

Tus hermosas vibraciones.

Fluyen tus vibraciones enfáticas por mis venas,
escritas en letras rojas, poemas muy persistentes.
llevan un dulce sabor a miel de las colmenas,
y un risueño resucitar de goces irreverentes.

Fue tu primera sonrisa la razón que nos desvela,
ese perfecto mundo de ensueño que anhelamos;
poesías escritas cuando el pensamiento vuela
y que todas las tardes muy unidas disfrutamos.

Por eso la vida nos mantiene en un incesante giro
que nos lleva fielmente donde hemos programado,
donde continúas siendo tu mi dulce primavera.

Nuestro amor siempre será un prolongado suspiro,
una caricia, un abrazo, historias de enamorados,
poemas que me permiten aquietarme a tu vera.

Jesús Quintana Aguilarte.

Un amor alejándose implacable.

¿Porqué al sangrar la herida dolorosa,
los gritos se esparcen desesperados?
la soledad de amor no es silenciosa,
aunque el beso y la risa estén callados.

Al lanzarse una piedra sobre el lago,
la tersa superficie hiere y quiebra;
y el agua lo recibe como halago,
y en concéntricas ondas lo celebra.

Mis labios con los suyos se fundieron,
y en giro rápido ella volvió la cara;
y la besé bajo una luna llena y clara,
aunque esta vez sus labios me evadieron.

¿No te gusta amor mi beso prometido,
que es a la vez el beso más deseado?
más deberás temer porque habré partido
tan fugazmente como habré llegado.

Y te dejaré en la espera interminable
de lograr la repetición de aquel suceso;
y que el paso de los días, implacable,
al fin logre alejar más tiempo su regreso.

Jesús Quintana Aguilarte.

Unidos en cuerpo y mente.

Ya es invierno amor y esta, tu ausencia,
se trasmuta en dolor porque estas lejos
y me amortaja el alma el no tenerte
entre mis brazos con tu dulce presencia.

Desde mi puerto hasta tu puerto, un infierno
fluye y llora sin que medie complacencia
es nuestro amor, y nuestras almas la inocencia
que sé que un día juntos venceremos al averno.

Solo sé que el mirarte cara a cara
será gozo en mi corazón y en mi mente,
por eso sigo día a día la contracorriente
que a la vez que nos une, nos separa.

Más ese infierno atravesaré algún día
para estrecharte en mis brazos fuertemente
y mirándote a los ojos serás mía
como dos cuerpos unidos, en una sola mente.

Jesús Quintana Aguilarte.

Unidos y para siempre.

Yo escucho ese latido mujer y lo interpreto,
y que emana de nosotros, es nuestro lenguaje,
pero no estamos solos escucho tu mensaje,
que cruzando el mar llega a mí en forma de soneto.

Tú eres feliz, siempre me lo has dejado muy claro,
y sabes que amo tus palabras como las dices
sin nada de maldad, celos, odios, y barnices
páginas escritas que nuestras vidas unieron.

Yo también lo supe y leerte me desconcierta,
ya no solo es verbo es también dulce poesía
Alma Gemela, una amiga fiel, sin una oferta,
que ha llegado a llenar con amor mi alma vacía.

Desde entonces amiga mis noches son eternas,
nuestras letras de amor para siempre se fundieron,
hicimos la vida con duetos que florecieron,
realzando el paisaje con rosas sempiternas.

Y hemos sido canción, fruto, luz del mediodía,
unión de una historia sin un final aparente
simiente de una raza que crece día a día
tratando de alegrar un mundo contracorriente.

Somos rayos de luz que trascienden el paisaje,
exponentes y amantes de la prosa y la rima
almas uniendo letras respetando el linaje
que con prosas y versos una a la otra se anima.

Realmente no hay ven ni voy, solo existe el vamos,
uniendo amor y letras, el temor derrotamos.

Jesús Quintana Aguilarte.

Versos que parecen prosas.

Se me alberga en la mente la dura insensatez,
que suprime las prosas en cada nuevo intento
para hacer que mis versos, cada vez, toda vez,
me acerquen a ti y lograr nuestro encuentro.

Solo trato en las noches que nada me distraiga,
mantenerme en silencio cercado por el muro,
en tus brazos inmóvil donde espero que caiga
la tristeza de un mundo completamente oscuro.

Cualquier cosa que pueda ocasionar estruendo,
que destruya el jardín donde planté tus rosas
de metáforas rotas, que el viento va batiendo,
creando nuevos versos que se parecen prosas.

Y un día el alma me estalló en fragmentos,
descubriendo mi mente por ti enloquecida
llena de besos, de versos, de momentos,
creando prosas que por Dios son bendecidas.

Y llegaste en descenso imprevisto, estremecida,
y te vi cómo eres, todo amor, toda tu, temblorosa,
cascada de hermosa piel brillante que en su caída,
va creando versos de amor que se parecen prosas.

Jesús Quintana Aguilarte.

Yo se lo di todo y ella no me dejó nada.

Vino, me besó y se fue, sin dejar huella
ni en mi piel ni en mis labios su retozo;
fue una sonrisa nada más, un nuevo gozo,
una caricia, un aliento sin más nombre que 'ella'.

Entre ambos solo fue superficial el contacto,
fuimos efímeros tú y yo, solo eso fuimos;
ella fue un préstamo, algo que nos dimos...
por eso es imposible que se repita el acto.

Ella fue un alto en el camino, y una oferta
un disfrute para el desconocido viajero;
un alma y cuerpo buscando ser descubierta,
como flor sin maceta buscando un jardinero.

Y yo pasé y la emoción me hizo verla despierta;
sino era yo, otro sería; por eso me mostré sincero
con la mano inquieta, la sonrisa limpia y la palabra tersa,
y el alma ingenua, sin notar en ella la sonrisa perversa.

Y un día ella partió con frialdad, sin dar razones,
como quien lleva a cabo un remate de empresa;
como agente vulgar, un vendedor que le interesa
más el contrato que el amor y las ilusiones.

Para un convenio con ella nunca encontré el modo,
se marchó una mañana dejando mi alma arrasada
yo le entregué mi vida, mi corazón, le di todo,
y con su perversa sonrisa ella me dejó sin nada.

Jesús Quintana Aguilarte.

"Yo borraré tu inocencia".

Una mujer que ignora su desnudes vibrante
va siempre más allá de lo que le han pedido
le gusta probar lo extraño y lo prohibido
y se muestra ante el amor segura y desafiante.

Es de todo hombre el tormento idealizado
sueño del paraíso, una oferta tentadora,
dulce sensaciones con una voz seductora
un continente perdido, pocas veces conquistado.

Provocativa e ingenua, con el alma sosegada
desnudándose a medias de una manera fugaz
es en el cielo la estrella en una noche rasgada
y que protege sus gracias solo a base de un quizás.

Yo frenaré mis impulsos, limitando todo exceso
con un tanto de intriga y otro tanto de indolencia
luego desnuda en mis brazos toda cubierta de besos
te quitare dulcemente todo rasgo de inocencia.

Jesús Quintana Aguilarte

Yo sigo siendo el mismo.

Es la ocasión ideal de mentes y voluntades,
cuando el amor avanza, y el dolor se repliega,
momento de imprecisas, vagas ambigüedades,
que con fuerza viril hasta tu entorno llegan.

Cuando se revelan tensas ideas en mí olvidadas,
cuando renace el amor claro como un nuevo día,
me dispongo a conquistar tu fortaleza torneada
cuerpo de leche y de miel, cual delicada ambrosia.

Tengo un corazón amante que se rompe en alaridos,
de recordarte tan lejos rodeada siempre de extraños
una carpeta rellena de viejos poemas no leídos
porque la vida soñada me la rompió el desengaño.

Dejé de escribir poemas que se acumulaban tanto,
de aridez, falsos impulsos, de dolor y derrotismo,
que se llenaban de polvo, de odio y desencanto,
porque no eres quien fuiste, aunque yo si soy el mismo.

Jesús Quintana Aguilarte.

Yo te propongo un viaje.

No quiero ni pensar y el alma se me esconde,
he malgastado el tiempo las buenas ocasiones
a veces me da miedo hasta pronunciar tú nombre
perdiendo en el intento mis mejores opciones.

Amiga que me lees, tranquila y entusiasta,
fui loco en juventud, pero ahora ya no tanto,
ayúdame borrando las penas, el sufrimiento,
de haber perdido en ti, lo que he amado tanto.

La voluntad es ágil, febril y entusiasta,
la fe es como un rio que corre en la llanura,
y sabes que te amo, y yo sé que no te basta.

Yo sé que tú me miras, como un fértil paisaje,
alazán al galope, de elegante montura,
pero estas indecisa para iniciar el viaje.

Jesús Quintana Aguilarte.

INDICE: